미생물 탐정과 곰팡이 도난 사건

미생물 탐정과 곰팡이 도난 사건

글 김은의   그림 배종숙

위즈덤하우스

• 작가의 말 •

눈에 보이지 않아 더욱 소중한 미생물

문제 하나 낼게요. 이것은 무엇일까요?

눈에 보이지 않고, 셀 수 없이 많으며, 인류에게 없어서는 안 될 세상을 움직이는 소중한 존재는?

으음……, 사람도 아니고, 동물도 아니고, 곤충도 아니고, 식물도 아니고, 잘 모르겠다고요?

그럼 힌트 하나 주지요.

이것은 아주 작은 생물이에요. 매우 작아서 현미경이 발견되기 전에는 존재하는 줄도 몰랐어요.

아하, 그렇다면 그건 바로 미생물!

딩동댕! 미생물은 눈에 보이지 않지만, 우리와 더불어 살아가는 작은 생명체예요. 가까운 이웃이자, 친구 같은 존재지요.

으아, 미생물이라니!

스멀스멀, 미끌미끌, 꼼지락 꼼지락……. 무서운 세균과 곰팡이와 질병이 떠오른다고요? 생각만으로도 오싹오싹 소름이 끼친다고요?

그래요. 이해해요. 때로는 미생물이 원인이 되어 무시무시한 질병을

일으키기도 하니까요. 그게 가장 많이 알려졌기도 하고요.

하지만 미생물에 대해 무서운 질병만 떠올리는 건 하나만 알고 둘은 모르는 일이랍니다. 미생물은 그 종류에 따라 인간에게 도움이 되는 미생물도 있고 해가 되는 미생물도 있거든요.

우리가 흔히 생각하는 질병을 일으키는 미생물은 그 수가 극히 적어요. 아무 해가 없거나 도움을 주는 미생물이 훨씬 많지요. 예를 들어, 페니실린을 만드는 곰팡이는 질병을 치료하는 데 도움을 줘요. 치즈를 만드는 유산균은 소화와 흡수를 도와주고요. 시체를 썩게 하는 미생물은 지구를 깨끗이 청소하지요. 다시 말해, 미생물이 없으면 우리가 살아갈 수 없다는 거예요.

이 책에 나오는 자연이는 미래의 탐정이자 과학자예요. 눈에 보이는 것뿐 아니라 보이지 않는 것까지도 샅샅이 파헤치고 알아내지요. 그런데 어느 날 옥상 빨랫줄에서 모자가 사라진 거예요.

자연이는 모자 사건의 범인을 추리해 나가면서 곰팡이와 미생물의 세계에 점점 가까이 다가가요. 곰팡이와 모자 도난 사건은 과연 어떤 관계가 있을까요? 자연이는 범인을 잡을 수 있을까요?

자, 사건 현장 속으로, 흥미진진한 미생물의 세계로 들어가 볼까요! 준비됐지요? 출발합니다.

김은의

• 차례 •

작가의 말 눈에 보이지 않아 더욱 소중한 미생물

지구의 주인은 누굴까? 8
- 오해를 풀어 주는 미생물 퀴즈

곰팡이는 욕이 될 수 없다! 14
- 미생물 탐정의 관찰 노트
  곰팡이에 관한 궁금증 파일
- 우리 모두 곰팡이!

모자 도난 사건 30
- 미생물 탐정의 관찰 노트
  세균에 관한 궁금증 파일 | 사람에게 해로운 세균과 이로운 세균
- 우리 몸에 사는 세균
- 살균은 뭐고 소독은 뭐야?

이상한 옥상 텃밭 50
- 알쏭달쏭 곰팡이 퀴즈
- 비료와 거름이 어떻게 다를까?

증거물이 숨어 있는 옥상 장독대 62
- 맛있는 발효 이야기
- 미생물 탐정의 관찰 노트
  발효 식품 찾기

곰팡이 덕분이라고? 78
- 파스퇴르와 메치니코프를 인터뷰하다!

찾았다! 곰팡이 도둑 92
- 사람에게 해로운 곰팡이와 이로운 곰팡이
- 해로운 곰팡이 대처법

지구의 주인은 누굴까?

세상에는 오해도 많고 잘못 알려진 사실도 많아.

가령, 아주 먼 먼 옛날에는 지구가 네모났다고 여겼다지. 그래서 멀리 더 멀리 나아가면 언젠가는 낭떠러지에 뚝 떨어지고 말 거라 생각했지. 그땐 지구에 대해서 밝혀지지 않았으니까 그런 오해를 하고도 남았을 거야.

하지만 지금은 어때? 아마 지구가 네모나다고 말하면 바보, 멍청이 취급당할걸?

그래, 지구가 둥글다는 건 이제 웬만큼 아는 것 같아. 그동안 수많은 과학자가 증명해 보이고 밝혀냈으니까.

그런데, 그런데 말이야. 그 둥근 지구에 사는 생명체에 대해서는 오해도 많고 편견도 많은 것 같아. 뻔히 밝혀진 사실도 잘못 알고 멀리하거나 싫어하기 일쑤고 말이야.

곰팡이만 해도 그래. 곰팡이는 해로운 곰팡이보다 이로운 곰팡이가 훨씬 더 많아. 그런데 곰팡이 하면 혀를 내두르지.

"으으, 더러워. 불결해. 비위생적이야. 상했어. 썩었어."

말은 달라도 표현하고 싶은 것은 한가지야. 보기만 해도 불쾌하다는 것!

나만의 착각이라고?

그럼 질문 하나 해 볼게.

"이 지구의 주인은 누굴까?"

에이, 그런 엉터리 질문이 어디 있느냐고? 당연히 사람이지. 사람 말고 주인이라고 할 만한 생명체가 또 뭐가 있느냐고? 그런 쓸데없는 질문하려거든 집에 가서 잠이나 자라고? 내 그럴 줄 알았지. 그럴 줄 알았다니까.

나도 외삼촌을 만나기 전까지는 그랬으니까. 특히 세균이나 곰팡이 같은 미생물에 대해서는 완전히 깜깜했고 아는 게 아무것도 없었으니까.

미생물이 지구 최초의 생명체라는 것도, 인간을 비롯한 모든 생명체가 미생물로부터 시작되었다는 것도, 미생물 덕분에 우리가 살아간다는 것도, 전혀 생각하지 못했으니까.

나는 이래 봬도 미래의 과학자나 탐정이 꿈인데도 그랬어.

그런데 세균, 곰팡이라는 말만 들어도 고개를 절레절레 흔드는 우리 엄마 같은 사람들은 더 말해 뭣 하겠어.

그래서 사명감으로 나선 거야. 과학자나 탐정이 해야 할 일이 바로 오해를 풀고 잘못 알려진 사실을 밝혀내는 거니까. 돋보기 하나 들고 외로운 관찰을 시작한 거지.

이런 똑똑한 생각을 하는 내가 누구냐고? 내 입으로 밝히긴 좀 민망하지만 이름은 이자연, 생명초등학교에 다니지. 꿈은 이미 말했고, 그밖에 궁금한 것은 돋보기 들고 따라와서 스스로 밝혀 봐. 탐정의 눈으로 살펴보면 더욱 재미날 거고, 그냥 눈으로 봐도 신기할 거야.

오해를 풀어 주는 미생물 퀴즈

다음 중 가장 작은 것은 뭘까?
1. 몽당연필
2. 코털
3. 창가의 먼지
4. 진드기

정답 : ❹ 진드기

진드기는 몸길이가 0.2~10㎜ 정도로 우리 눈으로 볼 수 있는 가장 작은 물체 중 하나야. 이보다 더 작은 물체는 맨눈으로 보기 어려워. 우리 눈의 수정체가 그렇게 작은 것에는 초점을 맞출 수 없거든.

사실 나보다 더 작은 생물은 어마어마하게 많아. 이 지구의 주인이라고 말할 수 있을 정도로 엄청나게! 그 이름은 바로 미, 생, 물!

그래, 맞아. 미생물은 지구 최초의 생명체지. 미생물은 눈에 보이지 않을 정도로 '아주 작은 생물'이란 뜻이야. 우리 눈에는 보이지 않지만 끊임없이 살아 움직이고 있대. 꼬물꼬물, 꿈틀꿈틀, 스멀스멀, 근질근질!

보이지도 않는데 어떻게 아느냐고? 물론, 현미경이 만들어지기 전까지는 이 작은 생명체에 대해 알지 못했어. 눈에 보이지도 않는데 누가 신경이나 썼겠어?

하지만 실제 크기보다 수백 배를 확대해서 보여 주는 현미경이 만들어지고 나서는 상황이 달라졌어. 눈에 보이지 않는 꼬물꼬물한 세상을 한눈에 관찰할 수 있게 된 거지. 아, 그 놀라움이라니!

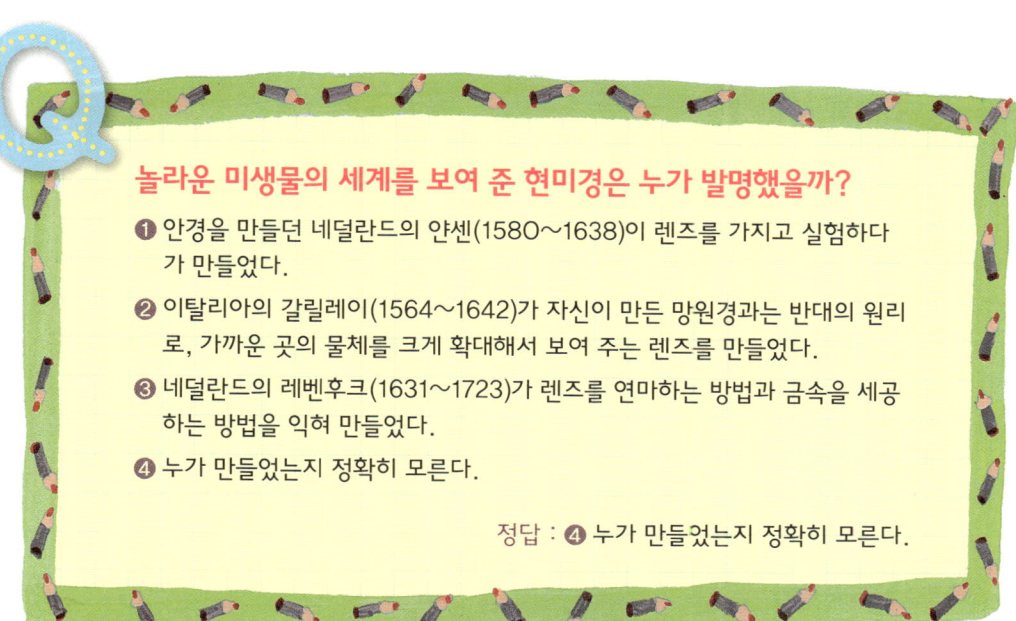

놀라운 미생물의 세계를 보여 준 현미경은 누가 발명했을까?

① 안경을 만들던 네덜란드의 얀센(1580~1638)이 렌즈를 가지고 실험하다가 만들었다.
② 이탈리아의 갈릴레이(1564~1642)가 자신이 만든 망원경과는 반대의 원리로, 가까운 곳의 물체를 크게 확대해서 보여 주는 렌즈를 만들었다.
③ 네덜란드의 레벤후크(1631~1723)가 렌즈를 연마하는 방법과 금속을 세공하는 방법을 익혀 만들었다.
④ 누가 만들었는지 정확히 모른다.

정답 : ④ 누가 만들었는지 정확히 모른다.

앗, 속았다고? 하지만 어떡해. 실제로 누가 현미경을 처음 발명했는지 확실하지 않은 걸. 그걸 밝혀내지 못했다는 얘기야.

음, 그래도 분명한 건 세 사람 모두 실제로 현미경을 만들 능력이 충분히 있었대. 렌즈(물체를 크게 보이도록 유리를 갈아 두께를 변형시킨 것) 두 개를 잘 결합하면 한 개로 볼 때보다 물체가 훨씬 크게 보인다는 원리를 꿰뚫고 있었거든.

덕분에 작아서 눈에 보이지 않던 '미생물의 세계'를 눈으로 확인할 수 있게 된 거지. 이 현미경이 만들어진 이후에야 본격적인 미생물 연구가 시작되었대!

곰팡이는 욕이 될 수 없다

　외삼촌이 우리 집에 온 것은 일요일 오후였어. 우리는 늦은 점심을 먹고 느긋하게 텔레비전을 보고 있었지.

　1층에서부터 우당탕퉁탕 발소리가 요란했어. 발소리가 2층에 이르렀을 때는 질질이가 마구 짖었지. 질질이는 2층 할아버지와 할머니가 키우는 개인데 눈에는 늘 눈곱이 끼었고 아주 예민해. 우리 빌라에 사는 사람이 아닌 외부 사람의 발소리를 귀신같이 알아내지.

　나는 외삼촌이 3층에 있는 우리 집 현관 벨을 누르기도 전에 문을 열었어.

"외삼촌!"

"자연아!"

우리는 누가 먼저랄 것도 없이 두 팔을 벌리고 서로 꽉 끌어안았어. 엄마가 우리를 보고 농담을 했어.

"누가 보면 이산가족 상봉하는 줄 알겠다."

"이산가족이 별건가? 가족이 헤어지면 이산가족이지. 자연아, 안 그러냐?"

나는 외삼촌 말이 알쏭달쏭했어. 외삼촌도 가족인가, 친척 아닌가 하는 생각이 머릿속을 스쳐 지나갔거든.

"그……."

내가 우물쭈물 대답하려는데 엄마가 불에 덴 듯 화들짝 놀라며 소리쳤어.

"윽, 발 냄새! 얼른 양말 벗고 씻기부터 해."

"냄새는 무슨?"

외삼촌이 발을 들어 이리저리 흔들어 보였지. 엄마는 말을 제대로 잇지 못했어.

"그, 그, 양말……, 세균이 득실득실……, 너 그렇게는 우리랑 같이 못 산다."

외삼촌이 난감한 표정을 지었어. 엄마는 막무가내였지. 마치 못 볼 것이라도 보았다는 듯이 고개를 돌린 채 외삼촌을 화장실로 밀어 넣었어. 그러고는 "후유~" 하고 숨을 길게 내뱉

으며 눈을 가늘게 뜨고 나를 보는 거 있지. 나는 나도 모르게 몸이 움츠러들었어. 또 무슨 말을 하려고? 아니나 다를까, 내게도 날벼락이 떨어졌지 뭐야.

"너도! 잘 보고 껴안아야지 씻지도 않은 외삼촌을 껴안으면 어떡해?"

"내가 뭐?"

생각하면 생각할수록 기가 막혀서 말이 안 나왔지만, 엄마는 꿋꿋했어.

"뭐긴 뭐야? 외삼촌 나오면, 비누로 빡빡 문질러서 손 깨끗이 씻어!"

엄마의 명령은 단호했어. 뭐라 변명할 틈이 없었지. 나는 입을 뾰로통하게 내밀고 혼잣말로 중얼거렸어.

"누가 나깔끔 여사 아니랄까 봐."

"뭐야? 깔끔해서 나쁠 게 뭐가 있는데? 더러운 것보다는 백배 천배 낫지. 안 그래?"

"안 그래."

나는 발을 쿵쿵 구르며 방으로 들어가려고 했어. 그런데 엄마가 팔을 꽉 움켜잡더니 외삼촌 가방을 가리킨 거야.

가방은 때가 꼬질꼬질했지. 아무 데나 털썩털썩 내려놓았는지 흙과 먼지가 잔뜩 묻은 데다 낙엽까지 몇 장 붙었어. 이런 걸 외삼촌은 '자연 친화적'이래. 이렇게 사는 게 자연스럽다나 뭐라나. 그럴 때마다 엄마는 까무러치기 일보 직전이야. 어쩌면 남매가 달라도 이렇게 다를 수 있는지, 나는 도무지 이해가 안 돼. 깔끔한 것도 털털한 것도 정도가 있어야지.

우리 엄마는 일명 '나깔끔 여사'야. 얼마나 청소를 해 대는지 집 안은 항상 반짝반짝 빛이 나. 하지만 엄마 손길이 닿지 않는 집 바깥은 엉망진창이지. 그래서 엄마는 창문 여는 걸 싫어해. 더러운 공기나 벌레가 들어온다고. 우리 집은 지어진 지 30년도 넘은 낡은 빌라거든. 3층 건물에 옥상도 있어. 집이 낡을수록 곰팡이가 잘 피고 세균들이 잘 번식한다는 거야.

"집 안만큼은 '청정 구역'이어야 해!"

이게 엄마의 주장이야.

드디어 외삼촌이 씻고 나왔어. 엄마는 두 눈을 부릅뜨고 외삼촌 발부터 검사하려고 했지. 외삼촌이 두 손을 번쩍 들며 소리쳤어.

"누나, 나를 뭘로 보고. 세균, 곰팡이 같은 '미생물'에 대해서는 누나보다 내가 더 박사잖아. 나 생물학과 나온 거 벌써 잊었어? 미생물은 누나가 아무리 눈을 씻고 찾아도 안 보인다는 거 몰라?"

나는 화장실에 들어가려다 말고 엉거주춤하게 서서 외삼촌을 보았지. 내 레이더망에 미생물이 걸려든 거야. 미생물이라…….

외삼촌은 두 손을 앞뒤로 뒤집으며 "봐, 봐."라고 했어. 마치 미생물을 찾아보라는 듯이. 그렇다고 물러서면 나깔끔 여사가 아니지. 엄마는 눈을 가늘게 뜨고 외삼촌을 위아래로 훑었어. 그러고는 '그러면 그렇지.' 하는 표정으로 뒷덜미를 가리키는 거야.

"이 아무짝에도 쓸모없는 곰팡이 같은 녀석아. 여기 비눗물이 그대로 묻었잖아?"

외삼촌은 아무렇지도 않게 손으로 뒷덜미를 쓱 닦더니 기분 좋게 웃는 거야.

"하하하, 곰팡이라고? 이렇게 기분 좋은 칭찬을! 누나답지 않은걸."

"뭐, 뭐야? 네가 뭘 잘못 들은 모양인데, 넌 '아무짝에도 쓸모없고 병균이나 옮기는 곰팡이'라고. 알아들어?"

엄마는 부글부글 애가 끓는 것 같았고 외삼촌은 느긋했어.

"그래, 곰팡이. 누나는 곰팡이가 얼마나 중요한지 모르는 모양인데, 내가 누나의 오해를 좀 풀어 주지."

순간 외삼촌의 눈이 반짝 빛났어. 사건의 실마리를 잡은 탐정의 눈빛이라고나 할까? 하지만 엄마는 아랑곳하지 않았지.

"오해라고? 그럼 내가 곰팡이도 모르면서 떠든단 말이야? 곰팡이는 더럽고 냄새나고 우중충하고 불결해. 이 세상의 곰팡이란 곰팡이는 모두 사라져야 해."

외삼촌이 활짝 웃으며 엄마 어깨를 다독였어.

"물론 곰팡이 중에는 인간에게 해로운 것도 있어. 발톱에 생기는 무좀 같은 거. 그런 건 예방하고 다시는 생기지 않도록 뿌리 뽑아야 하지. 하지만 이렇게 해로운 곰팡이는 극소수야. 대부분은 인간에게 아무 해가 없고 오히려 도움을 주지."

"마, 말도 안 돼. 고, 곰팡이는 무조건 나빠. 다 나빠."

"누나, 곰팡이는 말이야. 눈에 보이지도 않는 종자에서 싹이 터 엄청난 속도로 번식하는 거야. 언제, 어디서, 어떻게 생겨날지도 모르고, 그 종류도 다양해서 인간의 힘으로 어떻게 해 볼 상대가 아니지. 누나가 아무리 다 나쁘다, 다 싫다 해도 소용없어. 곰팡이는 그렇게 해서 사라지고 말고 할 생명체가 아니니까."

엄마가 귀를 틀어막자, 외삼촌은 눈에 힘을 주었어. 외삼촌 눈이 레이저 광선을 쏘아 내듯 빛을 내기 시작했지. 그러자 집 안이 환해지는 것 같았어. 창문으로 부드러운 햇살이 쏟아져 들어올 때처럼 눈에 비치는 모든 것이 반짝거려. 이런 게 바로 변신이라는 거구나. 지저분하다고 구박만 받던 외삼촌이 이렇게 빛날 때도 있구나. 입을 쩍 벌리고 외삼촌을 바라보는데 어머나, '내 앞에 있는 저분이 외삼촌 맞아?'라고 할 정도로 말이 거침없이 쏟아져 나오는 거야.

누룩곰팡이는 맛도 좋고 영양도 높은 간장과 된장 등 장류를 만들어 내고, 효모균은 빵과 술 등을 만드는 데 이용돼. 푸른곰팡이는 항생제인 페니실린을 만들고, 균류가 자란 버섯은 맛있는 요리가 되기도 해. 물론 녹병균은 채소나 곡식류에 피해를 주고, 백선균, 무좀균은 사람 몸에 침투해서 피부병을 일으키기도 해. 하지만, 모든 곰팡이가 나쁜 것은 아니란 말이야.

"아무리 그래도 난 싫어. 집 안에 곰팡이가 피는 건 견딜 수 없어."

엄마는 탈취제를 가져다가 외삼촌이 들어온 현관 앞에 칙칙 뿌렸어.

"으윽, 고린내."

"누나, 그러지 마. 냄새나면 창문을 열어야지. 탈취제라니."

"창문 연다고 냄새가 금방 빠지니? 그리고 널 따라 들어온 나쁜 세균은 또 어떡할 건데. 그러니까 이 탈취제 하나로 냄새와 살균 효과까지 확실히 잡아야지. 안 그래?"

엄마는 의기양양해서 외삼촌을 향해 탈취제를 들이댔어. 한마디만 더 했다간 외삼촌을 향해 뿌릴 기세였지. 외삼촌은 고개를 절레절레 흔들며 엄마를 노려봤어. 외삼촌 가슴이 위아래로 심하게 요동치는 게 한눈에 보였지.

"나쁜 공기에, 세균에……. 아, 안 돼."

아, 저러다 싸우지. 이럴 땐 방법이 없어. 풍선이 터지듯이 펑 터지기 전에 내가 나서서 정리해야지.

"그러니까 외삼촌 말은 곰팡이는 좋은 면과 나쁜 면이 있다는 거지. 따져 보면 좋은 면이 나쁜 면보다 훨씬 더 많고. 고로 엄마가 말한 곰팡이는 욕이 될 수 없다, 이 세상 모든 것은 약간씩이라도 나쁜 면이 있기 마련이니까. 그러니까 곰팡이를 너무 미워하지 말고, 탈취제나 세제 같은 것에 너무 의존하지도 말고, 창문 열고 자연스럽게 살자, 뭐 이런 말이지?"

외삼촌의 눈이 화등잔처럼 커지더니 나를 번쩍 들어 올리지 뭐야.

"하하하! 그래, 그래. 우리 나깔끔 여사가 너처럼 말귀를 잘 알아들으면 얼마나 좋겠냐?"

하지만 그런 기대는 하지 않는 게 좋을걸. 나야 뭐, 미래의 탐정이자 과학자니까 그렇다지만, 엄마는 나깔끔 여사일 뿐이잖아?

어쨌든 나는 외삼촌이 온 첫날 직감했어. 엄마가 말하는 세균, 곰팡이와 외삼촌이 말하는 세균, 곰팡이는 다르다는 것을! 그 차이는 엄청나다는 것과 그 사이에 숨은 오해와 진실을 밝히는 건 내 몫이라는 것을 말이야.

역시 탐정의 눈이 필요하겠군! 예리한 분석과 치밀한 계산, 현명한 판단을 할 수 있는 탐정, 내가 나서는 수밖에 달리 방법이 없겠어.

음, 그렇다면 이번에는 미생물 탐정이다! 현미경이 있으면 더욱 좋겠지만 아쉬운 대로 돋보기라도 들고 다니며 조사를 시작해야지.

곰팡이에 관한 궁금증 파일

미생물 탐정의 관찰 노트

이름: 곰팡이

가족: 버섯과 효모. 곰팡이와 버섯, 효모는 닮은 데가 많아서 함께 묶어 '균류'라고 한다.

생김새: 잎, 줄기, 뿌리는 없고 실 모양의 균사로 되어 있다. 아주 작은 종자에서 싹이 터 가지를 만들고, 그 가지에서 또다시 새로운 종자가 퍼진다. 곰팡이의 가지에 해당하는 것이 균사, 몸뚱이에 해당하는 솜처럼 보이는 것이 포자체이다.

사는 곳: 주로 흙에서 살고, 사람 몸속, 집 안 곳곳, 공기, 물에서도 산다.

좋아하는 곳: 축축하고 따뜻한 곳.

먹이: 죽은 동물이나 똥.

종류: 수만 가지가 넘는다. 지금까지 밝혀진 곰팡이 종류는 8만 종, 어떤 과학자는 150만 종이 넘을지도 모른다고 말한다.

곰팡이 구조

곰팡이는 먹을 것이 있는 곳이면 어디서나 자란대. 먹고 번식하고 먹고 번식하고……. 끔찍하다고? 하지만 곰팡이가 없는 세상은 더 끔찍해. 곰팡이가 없다면, 이 세상은 각종 동물의 시체와 똥과 낙엽으로 뒤덮이고 말 테니까. 썩는 건 모두 곰팡이나 버섯, 세균이 생물을 먹어 치운 덕분이거든.

우리 모두 곰팡이!

얘들아, 다 나와 봐!

우리 처음 만났는데, 서로 인사나 하자

난 누룩곰팡이야! 된장국의 주재료인 된장을 발효시키는 역할을 하지!

안녕! 나는 유산균이야! 요구르트를 만드는 1등 공신이지!

나는 효모균이야. 빵을 맛있게 발효시켰어!

나는 습기 많은 구석을 좋아하는 검은곰팡이야. 내가 든 음식을 먹으면 식중독에 걸리지.

나는 채소나 곡식에 붙어 사는 녹병균이야. 난 본의 아니게 채소를 시들게 했어.

하지만 그래서인지 사람들은 우리를 싫어해……

너희는 좋은 곰팡이라고 좋아하지만, 우린 나쁜 곰팡이라고 없애려고만 해.

아냐. 그렇지 않아. 사람들이 자기 마음대로 기준을 정했을 뿐이야. 너희는 너희 역할을 제대로 한 거야!

우리 모두 그냥 '곰팡이'인걸!

모자 도난 사건

"엄마, 엄마, 내 모자 못 봤어?"

나는 집 안 곳곳을 샅샅이 뒤지다 지쳐서 엄마를 향해 소리쳤어. 엄마는 '곰팡이를 한 방에'라는 세제를 팍팍 뿌려가며 화장실을 구석구석 닦고 있었지.

"어제 썼는데 아무리 찾아도 없어."

엄마는 내 말에는 대답도 없이 바닥을 닦느라 바빴어. 나는 화장실 바닥에 돋보기를 비춰 보며 투덜거렸지.

"엄마, 내 모자가 없다니까."

화장실 바닥은 정말로 완벽했어. 곰팡이는 물론이고 그 흔

한 머리카락 하나 보이지 않았어.

드디어 엄마가 허리를 펴고 나를 보았어.

"모자? 아침에 빨아 널었는데. 옥상에 가 봐."

"또?"

나도 모르게 얼굴을 찌푸리고 말았어. 세 보지는 않았지만 벌써 열 번은 빨았을걸? 쓴 것도 열 번 정도 될 거고. 그러니까 한 번 쓰고 한 번 빨았다는 거야. 뾰족뾰족한 솔로 싹싹 문질러서 말이야. 일본으로 출장 가신 아빠가 선물로 보내 준 건데, 받은 지 한 달도 안 돼서 벌써 십 년은 쓴 것처럼 너덜너덜해졌어.

"인제 그만 좀 빨아. 몇 번 쓰지도 못하고 다 닳아져서 걸레 되겠다!"

내가 툴툴거리자, 엄마는 나를 빤히 쳐다보며 싫은 소리를 했어.

"깨끗이 빨아줘서 고맙다고는 못할망정 그게 할 말이니? 어제 비 맞았잖아. 비 맞은 모자 그대로 둬서 누구 좋으라고? 세

균, 곰팡이? 그놈들이 습기가 많은 곳에서 얼마나 잘 번식하는지 내가 몰라? 나는 그렇게는 못 둔다. 그것도 우리 딸이 쓰는 모자를."

엄마는 따다다다 속사포처럼 많은 말을 쏟아 냈어. 나는 현관문을 열고 나가 옥상에 올랐지.

바람이 시원했어. 하늘은 맑았고 옥상에는 빨래가 나부꼈어. 엄마는 이 집이 낡아서 다 싫은데 옥상 하나는 마음에 든다고 했어. 빨래를 햇빛과 바람에 고슬고슬 말릴 수 있다며,

빨래 생각만 하면 아파트가 부럽지 않다고 했지.

"어?"

나는 빨랫줄을 처음부터 끝까지 찬찬히 살폈어. 빨랫줄에 모자가 없었거든. 엄마는 빨래를 널 때 반드시 빨래집게를 사용해. 옥상은 바람이 많이 불어서 빨래가 날아가기 십상이거든. 그런데 내 모자를 널었을 만한 자리에 빨래집게만 달랑 매달려 있는 거야.

순간, 탐정의 예민한 감각이 퍼뜩 살아났지.

'왜 다른 빨래들은 그대로 있는데 모자만 사라졌을까?'

혹시나 엄마가 빨래집게를 허

술하게 집어 놨을 수도 있다고 생각해서 옥상을 다 둘러보았지만, 모자는 흔적도 없었어.

'이건 사건이야, 모자 도난 사건!'

나는 머리를 이리저리 굴리며 현장을 조사했어. 현장 조사에는 돋보기가 큰 몫을 했지.

한참을 살핀 끝에 옥상 가장자리에 뭉텅뭉텅 떨어져 있는 노란 털들을 발견했어. 지금은 아무도 가꾸지 않아 마른 흙만 쌓였지만, 옥상 가장자리에는 화단이 만들어져 있어. 폭은 약 30센티미터 정도인데, 길이는 재 보지 않았지만 꽤 길어. 옥상 가장자리에 만들어졌거든. 그런데 이 가장자리를 따라 노란 털들이 떨어져 있는 거야.

'질질이.'

퍼뜩, 2층에 사는 개, 질질이가 떠올랐지. 질질이는 털이 노란 삽살개를 닮았지만 실은 똥개야. 털은 늘 엉겨 있고, 코끝에서는 코가 질질 흘러내려 엄마와 나는 질질이라고 부르지.

그 질질이가 옥상에 올라온 게 분명해. 2층 할아버지는 질질이와 산책하는 걸 즐기는데 가끔은 옥상을 산책하기도 해. 할아버지는 다리가 불편해서 오래 걷지 못하거든. 엄마는 질질이가 옥상에 올라올 때마다 빨래에 개털 날린다고 질색을 하지만 할아버지는 대꾸도 안 해.

'그렇다면 범인은 질질이?'

머릿속에 모자를 물고 달아나는 질질이를 떠올리는데, 때마침 질질이가 짖는 소리가 들리지 뭐야.

"컹컹, 컹컹……."

질질이 목소리가 꽤 날카로운 걸 보니 낯선 발소리가 계단을 올라오나 봐.

'외삼촌인가?'

2층 할아버지는 늘 등에 '개 조심'이라고 쓰인 조끼를 입고 다녀. 덕분에 할아버지는 '개 조심 씨'라는 별명을 얻었지. 하지만 알고 보면 질질이는 그렇게 무서운 개는 아니야. 낯선 발걸음 소리가 들렸을 때 잘 짖을 뿐이지.

음, 질질이부터 조사해야겠군. 나는 계단 바닥에 돋보기를 비추며 옥상을 내려왔어. 옥상에 질질이가 왔다 간 건 분명했어. 계단 여기저기에 노란 개털이 널려 있었거든.

잠시 후, 2층 문이 열리는 소리가 들렸어. 질질이와 할아버지가 산책하러 나가려는 것 같았지.

"잠깐만요!"

나는 잽싸게 뛰어 내려가 질질이 몸에 돋보기를 들이댔어.

"뭐 하는 짓이냐?"

할아버지가 음침한 목소리로 물었어. 나는 대수롭지 않은 듯 받아넘겼지.

"아, 뭐 좀 조사할 게 있어서요."

'모자 도난 사건'의 용의자로 질질이를 조사하는 중이라고, 잠깐 협조 좀 해 주셨으면 좋겠다고 속내를 그대로 드러내면 탐정이 아니지. 그래, 은근한 방법으로 압박을 넣으면서 질질이가 용의 선상에 올랐다는 걸 흘린 거야.

　나는 돋보기를 가까이 댔다 멀리 댔다 하면서 질질이 털을 유심히 살폈어. 옥상에 널린 털과 정확히 일치하는지 확인해야 했거든. 노란색에 구불구불……. 어, 그런데 뭔가 이상해. 털이 뭉텅뭉텅 빠졌어. 털이 빠진 곳에는 어김없이 울긋불긋한 종기 같은 게 난 거야.

　"할아버지. 질질이가 이상해요!"

　할아버지가 무슨 말이냐는 듯이 나를 봤지.

　"이것 좀 보세요. 털도 엄청나게 빠지고……,

피부병이 생긴 것 같아요."

할아버지는 고개를 갸웃하며 눈을 찡그리고서 질질이를 살폈어.

"뭐가 어쨌다고……?"

그래도 잘 안 보이는지 내 돋보기를 빼앗듯이 가져갔어. 나는 몹시 불쾌했지만 침을 한 번 꼴깍 삼키는 것으로 불쾌한 감정을 억눌렀지. 진정한 탐정은 자신의 마음을 드러내지 않는 법이니까.

할아버지는 돋보기에 비친 질질이의 몸을 보고 혀를 끌끌 찼어.

"미안쿠나, 미안해. 이런 줄도 모르고……."

질질이의 피부병은 상당히 심해 보였어. 목 주변에는 진물이 흐를 정도였지. 눈에는 눈곱이 끼었고. 할아버지는 산책 대신 질질이를 데리고 동물 병원에 갔어. "네가 우리 귀염둥이를 살렸구나. 살렸어." 하면서.

질질이가 귀염둥이라니! 피식 웃음이 나오면서도 뿌듯했어.

'탐정이란, 범인만 잡는 게 아니구나.'라는 생각도 들었고, 내가 무언가 대단한 일을 해낸 것 같기도 했어. 어쨌든 내가 조사하는 과정에서 질질이의 피부병을 발견한 거니까. 목숨을 살린 것일 수도 있잖아?

현관문을 열자마자 구리터분한 된장 냄새가 진동했어.
"또, 된장찌개야? 웩!"
나는 된장이 정말 싫어. 냄새도 싫고 고리타분한 맛도 싫어. 그런데도 엄마는 하루걸러 한 번은 꼭 된장국이나 찌개, 혹은 된장이 들어간 음식을 만들어. 맛있고 소화도 잘되고 뒷맛도 깔끔하다나 뭐라나. 된장 싫어하면 한국 사람도 아니래.
'흥, 그깟 된장이 뭐라고!'
나는 코를 움켜쥐었어. 정말이지 된장 냄새는 단 일 초도 들이마시고 싶지 않았지. 다른 때 같았으면 문을 쾅 닫고 방으로 들어가 버렸을 거야. 하지만 오늘은 그럴 수 없었어. 질질이 얘기를 하고 싶어 입이 간질간질했거든. 그래서 코를 막은 채

힘겹게 설명했어. 모자가 없어졌고 질질이가 용의 선상에 올랐고, 덕분에 질질이 피부병이 발견되었고, 지금은 병원에 갔다고.

"질질이 몸에 곰팡이가 핀 모양이군. 피부사상균이라는 곰팡이는 피부병을 일으키지."

피부병을 일으키는 곰팡이는 피부, 털, 발톱 등의 각질 성분을 분해해서 자신의 영양분으로 이용한단다. 무좀도 피부사상균이 일으키는 전염성 피부병으로, 피부가 매우 가렵지. 물집이 생기기도 하고 부스럼이 돋거나 피부 껍질이 벗겨지기도 해.

외삼촌 말에 엄마가 소리쳤어.

"으윽, 곰팡이! 그 망할 놈의 곰팡이!"

엄마는 질질이가 옆에 있기라도 하는 것처럼 몸을 사리면서 죄 없는 외삼촌을 몰아세웠어.

"곰팡이는 접근 금지! 온몸을 깨끗이 씻고 자연이 돋보기로 검사받도록 해. 세포 하나하나를 깨끗이 씻어 내야 해. 그러지 않고는 집에 있을 생각일랑 아예 하지 마. 나랑 자연이한테 옮길지도 모르니까."

외삼촌이 눈을 감았다가 뜨면서 엄마를 보았어. 화를 참는 것 같았지.

"좋아, 누나. 씻을게. 나도 인간으로서 피부를 깨끗이 씻어 낼 필요는 있다고 생각하니까. 하지만……"

외삼촌 눈이 또다시 반짝 빛났어. 목소리에도 자신감이 넘쳤지. 엄마도 외삼촌의 눈빛을 보았는지 잠자코 외삼촌 말을 기다렸어.

"비누는 세균을 죽이는 게 아니야."

"그, 그럼?"

"세균을 배수구로 씻겨 보내는 것이지. 손을 씻는 것도 마찬가지야. 세균은 피부의 기름 성분에 들러붙어 있기 때문에 그렇게 쉽게 떨어지지 않아."

"그, 그러니까 더욱 깨끗이 씻어야지."

"그래, 그건 맞아. 만에 하나 나쁜 세균에 감염될 수도 있으니까. 하지만 누나는 지나치다는 게 문제야. 세균, 곰팡이 하면 무조건 싫어하잖아. 무슨 큰 병이라도 걸릴 것처럼 무서워서 벌벌 떨잖아. 9,999개의 도움을 주는 고마운 곰팡이는 무시한 채, 단 하나를 전체인 양 생각하잖아."

"단 하나라도 나쁜 곰팡이가 있잖아. 그래서 질질이가 피부병에 걸린 것이고!"

엄마 목소리가 커졌어.

"그럼 그 하나, 해로운 곰팡이로부터 몸을 보호할 방법을 찾아야지, 무조건 곰팡이 전체를 미워해서는 안 된다는 거야. '빈대 잡으려다 초가삼간 태운다.'라는 옛말처럼 까닥 잘못하다간 해로운 곰팡이 하나 잡으려다 이로운 곰팡이들을 모조리 죽이는 수가 있다는 거지. 그렇게 되면 우리가 살 수 없는데도 말이야."

엄마는 입술을 딱 붙이고 생각에 잠겼어. 외삼촌은 의기양양해서 엄마를 보았지. 그러다가 문득 생각난 듯이 나를 보더니 고개를 흔드는 거야.

"으음, 너는 또 이 좋은 냄새가 싫다 이거지? 집 안 꼴이 뭐이러냐? 곰팡이와 원수진 것도 아닌데, 이 곰팡이, 저 곰팡이 다 싫기만 하다니! 누가 그 엄마에 그 딸 아니랄까 봐."

흥, 나는 외삼촌이 조금 야속했어. 어떻게 나와 엄마를 비교한담. 내가 싫어하는 것은 된장이고 엄마가 싫어하는 것은 집 안에 피어나는 곰팡이인데, 둘을 싸잡아서 그 엄마에 그 딸이라니! 이런 내 마음을 꿰뚫기라도 하듯 외삼촌이 말했어.

"물론 자연이 네가 싫어하는 곰팡이와 엄마가 싫어하는 곰팡이는 다르지. 발효와 부패의 차이랄까? 하지만 둘 다 쓸데없이 곰팡이를 싫어하고 미워한다는 거야. 곰팡이의 좋은 점, 가치는 무시한 채 말이야. 아무튼 두고 봐. 여기 사는 동안 내 명예를 걸고 곰팡이에 대한 생각을 싹 바꿔 줄 테니까."

흥, 바꿀 테면 바꿔 보라지. 나는 고개를 홱 돌렸어. 외삼촌은 혀를 끌끌 찼어. 하지만 나는 곧 탐정의 본능을 되찾았지. 으음, 발효와 부패는 다르단 말이지. 피부를 보호하는 곰팡이와 피부병을 일으키는 곰팡이가 다르듯이.

그나저나 질질이가 걱정이군. 큰 병은 아니어야 할 텐데…….

세균에 관한 궁금증 파일

미생물 탐정의 관찰 노트

이름: 세균

종류: 수천 가지가 넘는다.

모양: 종류에 따라 모양과 크기가 각각 다르다. 둥근 모양, 세모 모양, 머리털 모양, 막대 모양 등 온갖 모양이 있다.

특징: 물을 좋아한다. 물속에서 꿈틀거리면서 이동한다.

사는 곳: 살지 않는 곳이 없다. 보통 가정의 마당에는 세균이 수백억 마리 이상 우글거리고 있다.

좋아하는 곳: 화장실, 하수도, 땅속, 우리 몸의 입속, 뱃속 등 물기 많은 곳은 어디나 좋아한다.

무엇을 하며 사나?: 먹고 분열해서 새로운 세균을 만들고, 다시 먹고 분열해서 새로운 세균을 만든다. 그게 세균의 일이다.

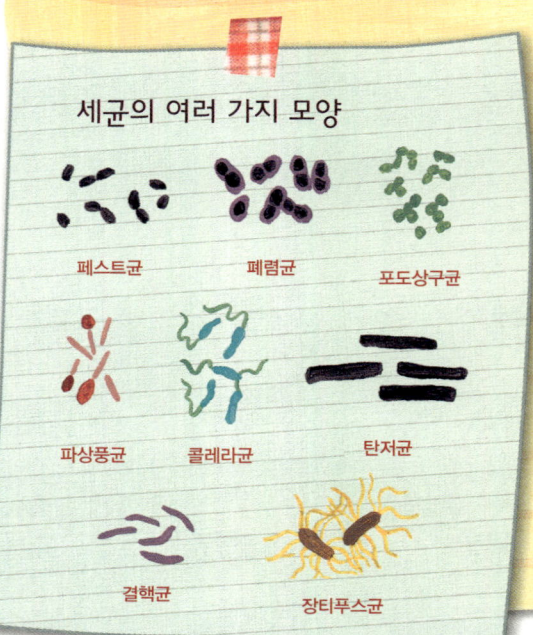

세균의 여러 가지 모양
- 페스트균
- 폐렴균
- 포도상구균
- 파상풍균
- 콜레라균
- 탄저균
- 결핵균
- 장티푸스균

> 곰팡이처럼 세균도 어디에나 있어. 세균 대부분은 인간에게 이롭거나 해를 끼치지 않지만, 몇몇 세균은 무시무시한 병을 일으키기도 해. 그런 세균은 이질, 콜레라, 폐결핵 같은 전염병의 원인이 되기도 하지.

사람에게 해로운 세균과 이로운 세균

미생물 탐정의 관찰 노트

사람 몸에 해로운 세균

❶ 살모넬라균: 식중독을 일으킨다. 상한 음식이나 더러워진 그릇을 통해 우리 몸에 들어온다. 배가 아프거나 설사를 한다.

❷ 뮤탄스균: 충치를 일으킨다. 이에 붙어살면서 입속의 영양분을 먹는다. 이를 구성하는 칼슘을 없애 이를 썩게 한다.

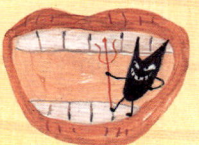

❸ 헬리코박터 파일로리: 위에 살면서 위염과 위암을 일으킨다. 기다랗고 가느다란 편모로 빠르게 위 속을 움직인다.

건강을 지켜주는 고마운 세균

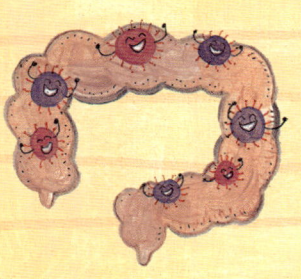

❶ 유산균과 비피더스: 소화를 돕고 똥을 잘 누게 한다.

❷ 박테로이즈 세타이오타오마이크론(BT): 장에서 음식물의 소화와 흡수를 돕는다.

❸ 페니실륨(푸른곰팡이): 상처가 곪아서 병이 커지는 것을 막는다.

살균은 뭐고 소독은 뭐야?

외삼촌, 세상에는 이로운 미생물도 있고 해로운 미생물도 있잖아요. 이로운 미생물은 괜찮지만 해로운 미생물은 어떻게 해야 해요? 해로운 미생물은 사람들을 병들게 하고 음식을 상하게 하잖아요.

그러니까 살균과 소독을 해서 해로운 미생물을 죽여야지.

살균과 소독이라고요? 소독은 약을 뿌리는 거잖아요.

그 약이 바로 '살균제'야. 미생물이 다시 살지 못하도록 없애는 약이지. 크레솔, 알코올, 붕산, 포르말린, 요오드가 대표적인 소독약인데, 소독하면 미생물이 살아나지 못해.

미생물이 살아나지 못하게 하는 소독은 약으로만 할 수 있나요?

아니, 열을 가해 끓이는 것으로도 할 수 있어.

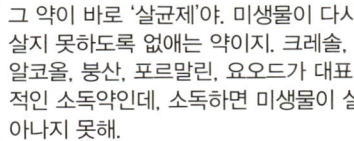
아, 그러니까 약을 쓰거나 끓이거나 균을 죽이는 건 '살균'이고, 그 균이 다시는 살아나지 못하게 약을 뿌려 완전히 죽이는 건 '소독'이란 뜻이네요.

그렇지. 살균과 소독은 건강하고 안전한 생활을 위해 꼭 필요한 거야.

이상한 옥상 텃밭

쉿!

할아버지가 이상해. 질질이가 병원에 간 다음부터 옥상에서 살다시피 해. 화단의 흙을 파헤치더니 한참을 보고 서 있는 거야. 앗, 저건 또 뭐지? 땅속에 무얼 묻었나? 나는 퍼뜩 모자가 떠올라 신경을 바짝 세우고 할아버지 곁으로 다가갔어.

"할아버지, 뭐해요?"

할아버지는 대답 대신 큼큼 헛기침하더니 파헤친 흙을 얼른 메웠어. 뭔가를 숨기는 게 틀림없군! 나는 탐정의 예리한 감각으로 할아버지가 흙을 파헤친 정확한 위치를 기억해 두었어.

할아버지가 옥상에서 내려가면 다시 파헤쳐 볼 생각이었지.

'도둑치고는 아직 초보로군.'

그런데 내 예상을 뒤엎고 할아버지가 그 옆을 또 파는 거야. 어, 할아버지는 땅을 팠다 메우기를 거듭했어. 숨기는 게 아니라 찾는 건가? 혹시 묻은 위치를 까먹은 거 아닐까? 그렇다면 큰일인데!

할아버지 이마에 땀이 방울방울 흘러내렸어. 그래도 할아버지는 쉬지 않고 땅을 팠어. 겉흙과 속흙이 마구 뒤섞였지. 어어, 저러면 곤란한데……, 화단을 온통 파헤치면 모자는 도대체 어디서 찾으란 거야?

한참 생각에 빠져 있는데, 외삼촌이 카메라를 들고 올라왔어. 외삼촌은 찰칵찰칵 사진을 찍으며 큰 소리로 물었어.

"벌써 많이 파셨네요. 그런데 그 흙 갖고 될까요?"

할아버지가 잠시 고개를 들어 화단을 살피더니 고개를 절레절레 저었어.

"아무래도 이 흙만으로는 어렵겠어. 새 흙을 좀 가져오면 좋을 텐데…….”

'새 흙? 새 흙까지 갖다 부어 완전 범죄를 노리겠다고?'

외삼촌은 화단 흙을 한 움큼 집어 살살 비비면서 "이걸로는 안 된다는 말씀이시죠?"라고 했어. 할아버지는 고개를 끄덕끄덕했지. 혹시 둘이 공범? 나는 외삼촌을 다시 봤어. 둘이 언제부터 저렇게 친해졌을까? 질질이가 병원에 간 뒤로, 그리고 내 모자가 사라진 뒤로? 거기까지 생각하자, 의심이 더욱 깊어졌어. 그래서 외삼촌한테 넌지시 물었지.

"외삼촌, 저 빨랫줄에 널어 둔 내 모자가 감쪽같이 사라졌는데 말이야, 혹시 짐작 가는 거 있어?"

"모자, 모자도? 내 양말도 사라졌는데…….”

외삼촌이 얼굴을 찌푸리며 할아버지를 봤어. 할아버지는 아무 말도 못 들은 척 땅만 팠지. 나는 외삼촌을 다그쳐 물었어.

"정말? 양말이 사라졌어?"

"그렇다니까. 분명히 빨아 널었다는데 빨래집게만 있고 양말은 없어. 새 양말도 아닌데……, 누가 가져갔을까? 아무리 생각해도 이상하단 말이야."

외삼촌은 고개를 갸웃하며 빨랫줄을 봤어. 그렇다면 외삼촌도 피해자인가?

사건은 모자와 똑같았어. 모자와 양말 도난 사건!

'모자와 양말이라…….'

나는 할아버지를 더욱 주시했지. 외삼촌은 양말을 잃어버린 피해자니까 공범에서 제외해야 해. 할아버지 행동은 보면 볼

수록 이상했어. '개 조심' 조끼가 땀으로 축축하게 젖도록 땅을 파더니 양동이에 흙을 퍼서 담았어.

"어이, 총각 이것 좀 갖다 부어."

"예."

외삼촌은 기꺼이 양동이를 들어다 옥상 한쪽 구석에 흙을 부었어. 드디어 행동을 개시했군. 그냥 파서는 찾을 수 없다는 거겠지. 나는 할아버지가 진즉부터 모자를 찾느라 흙을 판다는 결론을 냈지만, 뭐라 대답하는지 듣고 싶어 슬쩍 물었어.

"할아버지, 왜 흙을 파는 거예요?"

"이 흙으로는 안 될 것 같아서."

"뭐가요?"

"아, 그런 게 있어."

할아버지는 더 이상 물으면 곤란하다는 듯이 거칠게 손을 놀렸어. 피해자가 직접 물으니 양심에 찔린다는 거겠지. 양심은 있어서!

한참 후, 외삼촌은 할아버지가 파낸 옥상의 흙을 가까운 산에 갖다 붓고 대신 산에서 흙을 가져왔어. 옥상의 흙이 회색빛이라면 산에서 가져온 흙은 거무스름했지. 할아버지는 두 흙을 잘 섞었어. 외삼촌은 흙을 갖다 붓고 퍼 오기를 거듭했지. 나는 외삼촌이 가져간 흙과 퍼온 흙, 그리고 할아버지가 섞은 흙을 유심히 살폈어. 혹시 흙 속에 모자나 양말이 묻혀 있지는 않은지 말이야.

할아버지가 혼잣말처럼 중얼거렸어.

"이렇게 섞으니까 감쪽같네. 산 흙인지 화단 흙인지……."

나는 할아버지가 섞은 흙에 돋보기를 갖다 대며 별일 아니라는 듯 살짝 물었어.

"왜 흙을 섞는 거예요?"

"그래야 식물이 잘 자라니까……."

윽, 이게 뭐야? 나는 더 이상 할아버지 말을 들을 수 없었어. 흙 속에서 벌레들이 발견되었거든. 까맣고 노랗고 불그스름한 벌레들, 심지어는 지렁이도 꿈틀댔지.

"윽, 징그러워."

소리를 내며 뒤로 슬금슬금 물러서는데 외삼촌이 돌아왔어. 흙 대신 어깨에 거름 자루를 멨어. 할아버지가 일어서서 거름 자루를 받았지.

"내가 말한 그 화원에서 샀는가?"

"네, 거무튀튀한 게 아주 잘 썩은 것 같았어요."

외삼촌이 사 온 거름에서는 퀴퀴한 냄새가 났어. 엄마가 싫어하는 곰팡 냄새와 비슷했지. 또 한바탕 난리

가 나겠군. 나는 더 이상 벌레를 보고 싶지 않아 뒤로 물러서는데 엄마가 빨래를 걷으러 옥상에 올라온 거야.

"이자연, 너, 너, 너까지……."

엄마는 질겁하며 빨래 대신 나를 끌고 옥상을 내려갔어. 나는 계획에 없던 목욕을 해야 했지.

어둠이 서서히 깔리기 시작할 즈음이었어.

"아악!"

청소를 하던 엄마가 유리창을 보고 비명을 질렀어.

"무슨 일이야, 응?"

나와 외삼촌이 뛰어와서 보니, 벌레가 창문까지 기어 내려온 거야. 창문이 꼭꼭 닫혀 있어서 집 안으로 들어온 것은 아니지만, 유리창을 북북……, 으아, 징그러워. 산에서 퍼 온 흙이 원인이었어. 외삼촌은 별것도 아닌 일에 웬 호들갑이냐는 듯이 흐흐 웃었어.

"요것들도 다 살려고 태어났는데……."

하지만 긴 말은 할 수 없었지. 엄마의 눈빛이 워낙 칼날 같았거든. 그 순간에는 가만히 있는 게 최선이라는 걸 외삼촌도 알아챈 거야. 엄마는 당장 약국으로 달려가 벌레 죽이는 약을 사다 뿌렸어. 뿌리는 것만으로는 안심이 안 됐는지 벌레를 쏙쏙 빨아들인다는 약도 사다 붙였어. 약 냄새를 없앤다고 탈취제를 뿌리고, 창 주변을 수십 번 닦고 또 닦았어.

외삼촌은 감히 엄마를 말릴 엄두를 못 냈어. 나도 한동안은 정신이 멍했지. 아무 생각도 하지 못할 만큼 말이야. 모자도, 양말도, 수사해야 한다는 것도……. 그만큼 엄마의 서슬이 시퍼랬던 거야.

하지만 엄마가 어느 정도 진정이 되자, 외삼촌은 곧 눈을 반짝반짝 빛냈어. 역시 거름이 흙을 살린다면서 무슨 대단한 발견이라도 한 것처럼 으스댔지.

"텃밭은 보나 마나 성공이야. 산 흙에 거름까지 준 것이 벌써 효과를 드러낸 거지."

그러면서 벌레가 나온 것은 땅이 살아나고

있다는 증거라며 좋아했어. 죽은 땅에서는 곤충뿐 아니라 세균이나 곰팡이도 살지 못한다면서 엄마한테 두고 보라고 했지.

"누나가 좋아하는 상추는 실컷 먹게 될 거야. 자연산 무농약 유기농으로."

"그, 그럼 할아버지가 땅을 판 건……."

나는 놀라서 말을 제대로 잇지 못했어. 외삼촌이 자랑스레 말했어.

"텃밭 가꾸려고 팠지. 의견은 내가 냈고, 일은 할아버지가 하시고. 기대할 만해. 땅이 벌써 살아나기 시작했으니까. 너도 상추 좀 얻어먹을 거다."

하지만 나는 외삼촌 말이 귀에 안 들어왔어. 할아버지가 땅을 판 게 상추 때문이라면, 그, 그건 범인이 아니라는 말이잖아!

알쏭달쏭 곰팡이 퀴즈

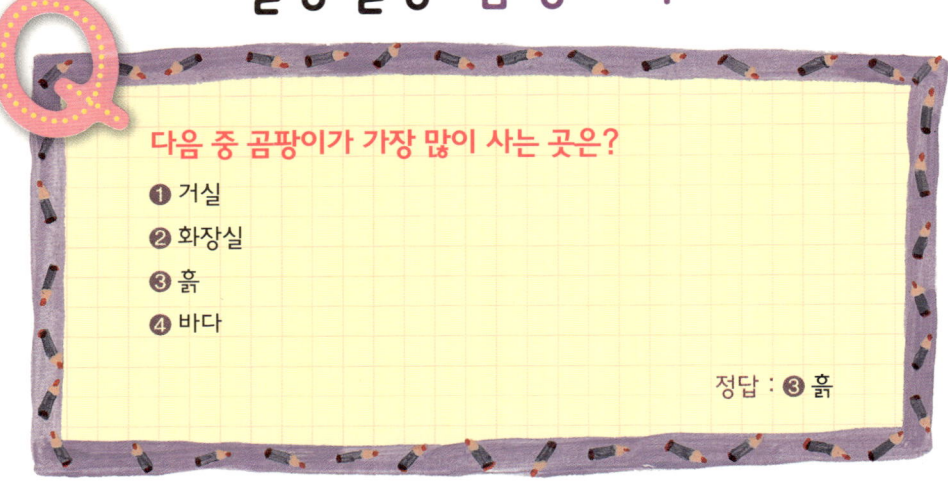

다음 중 곰팡이가 가장 많이 사는 곳은?
1. 거실
2. 화장실
3. 흙
4. 바다

정답 : ❸ 흙

특히 기름진 흙에는 곰팡이가 많이 살아. 먹이가 많기 때문이지. 곰팡이는 죽은 생물이나 배설물을 분해하여 영양분을 얻고 나머지는 자연으로 돌려보내는데, 이런 것을 '썩는다'라고 하지.

우리 조상은 땅을 기름지게 하기 위해 거름을 이용했어. 거름은 풀이나, 재, 지푸라기 같은 것에 소, 말, 닭, 돼지와 같은 가축의 똥과 오줌을 섞어 썩힌 것인데 곰팡이를 비롯한 미생물들의 천국이라고 할 수 있지.

할아버지가 화단에 거름을 준 것은 미생물에게 먹이를 준 것과 같아. 미생물들이 활발하게 활동을 해야 흙이 숨을 쉬고 땅이 기름져서 농작물이 잘 자라기 때문이지.

비료와 거름이 어떻게 다를까?

증거물이 숨어 있는 옥상 장독대

토요일 아침에는 살랑살랑 봄바람이 불었어. 나는 아침을 먹자마자 옥상에 올랐어.

'음, 꽤 복잡해졌군. 수사할 맛이 나겠어.'

오른쪽에는 장을 담글 크고 작은 항아리들이 있었어. 항아리 옆에는 소금 자루가 놓여 있었지. 할머니의 부탁을 받고 외삼촌이 유기농 생활협동조합에 주문해서 어제 배달이 왔다고 했어. 바로 앞에 있는 수돗가에는 메주가 있고, 그 옆에는 마른 고추 몇 개와 숯이 조금 있었어.

화단에는 각종 채소 모종과 씨앗 봉투들이 놓여 있었어. 내가 아는 거라곤 상추와 고추 정도였지만 꽤 여러 모종과 씨앗들이 있었지.

옥상 여기저기를 살피는데 손이 허전해. 앗, 이런 돋보기를 놓고 오다니, 전쟁터에 나가면서 총을 놓고 온 격이군. 나는 한꺼번에 두 계단씩을 뛰어 내려가 돋보기를 가지고 올라왔어. 1분쯤 걸렸을까? 그런데 할머니가 빨랫줄 앞에 서 있는 거야. 그 짧은 시간에 올라온 건가?

나는 숨을 죽였어. 할머니는 빨랫줄에서 노란 수건을 걷었어. 나는 얼른 돋보기로 수건을 비췄지.

"축 창사 10주년 기념 00주식회사"

예전에 아빠가 회사에서 가져온 수건이야.

할머니가 수건을 걷자, 빨랫줄에는 빨래집게만 대롱대롱 매달렸지. 모자와 양말을 걷어간 자리에 대롱거렸던 빨래집게처럼. 현장 목격! 이런, 사진을 찍어서 증거 자료를 확보해야 하는데!

때마침 외삼촌이 카메라를 들고 올라왔어. "할머니, 잘 돼

가요?"라고 말하면서. 저 오지랖이라니, 자기 양말을 훔쳐간 도둑인 줄도 모르고!

　나는 외삼촌에게 눈치를 줬지. 할머니를 얼른 찍으라고! 수건 쓴 할머니, 특히 머리 부분을 크게 확대해서 찍으라고! 그게 증거가 될 거야.

외삼촌은 손가락으로 동그라미를 만들어 보이더니 찰칵찰칵 사진을 찍었어.
"할머니, 여기 좀 보세요. 긴장 푸시고 활짝 웃으세요. 화알짝!"

능청스럽기도 하지. 이 순간에 할머니가 어떻게 웃을 수 있담. 증거 확보! 속으로 만세를 부르는데 '개 조심' 조끼를 입은 할아버지와 빨래 바구니를 든 엄마가 연달아 올라왔어.

그 사이 할머니는 수돗가로 가서 머리에 쓴 수건을 매만지고는 메주를 씻기 시작했어. 으흠, 제대로 감쌌군. 할머니는 밖으로 빠져나온 머리카락이 한 올도 보이지 않을 정도로 수건을 잘 썼어.

저게 메주란 말이지. 메주에 눈을 준 순간, 웩! 이렇게 못생긴 건 처음이야. 메주는 금이 쩍쩍 갈라진데다가 그 사이사이에 희끄무레한 곰팡이가 폈어. 앗, 저건 또 뭐지? 갈라진 틈에 수염이 났네. 회색빛이 도는 기다란 수염이야. 돋보기에 비친 메주는 곰팡이를 키우는 밭 같았어. 곰팡이는 모양도 색깔도 가지가지였지.

역시 내가 된장을 싫어하는 데는 다 이유가 있다니까. 알고 보면, 된장은 순 곰팡이, 세균 덩어리 아냐?

생각하다 보니, 나도 모르게 얼굴이 일그러졌나 봐. 외삼촌이 옥상 여기저기를 찍어 대다, 나를 툭 건드렸어.

"얼굴 좀 펴시지. 메주 처음 봐?"

"응. 처음 봐."

나는 당당하게 대답했어. 그럴 수도 있는 거니까! 집에서 만들지 않고, 사 오지 않으면 영 볼 기회가 없는 거지. 그런데도 외삼촌은 나를 외계인 취급하며 빨래를 널고 있는 엄마를 보며 말했어.

"메주를 처음 보다니! 네가 내 조카 맞아? 이게 바로 네 엄마가 좋아하는 된장이 되는 거라고. 누나는 뭐 해? 얼른 와서 장 담그는 법 배우지 않고. 만날 사다 먹으니까 메주도 모르는 거 아니야."

엄마는 관심 없다는 듯 빨래만 널었어. 뒤돌아 서 있어서 얼굴은 안 보였지만 아마 울근불근 달아올랐을걸. 나는 외삼촌 말에 무척 자존심이 상했어. 누가 메주를 모른다고 했나? 직접 보는 게 처음이라고 했지. 그래서 한마디 해 줬어. 언젠가 과학관에 가서 보았던 표현까지 들먹여 가며 말이야.

"나도 알 건 다 알아. 이 메주로 장을 담근 다음 메주를 꺼내 으깨면 된장이 되는 거잖아! 그래서 된장을 '곰팡이들의 하숙집'이라고 표현하기도 한다는데, 외삼촌은 그런 말 들어 본 적 있나 몰라?"

"오오. 그런 표현을! 대단하네."

외삼촌이 입술을 동그랗게 말며 감탄을 하더니, 나에게 정말 우스꽝스러운 질문을 했어.

"그럼 콩으로 메주를 만든다는 건? 하긴 그 정도는 알겠지?"

아니, 나를 뭘로 보고. 나는 이래 봬도 미래의 과학자를 꿈꾸는 미생물 탐정이라고! 하지만 나는 그 말을 꿀꺽 삼켰어. 외삼촌 눈이 반짝반짝 빛나기 시작했거든.

"메주는 콩을 삶아 으갠 다음 이렇게 모양을 만들어. 모양이 적당히 굳으면 볏짚으로 엮어 매달아 놓지. 그러면 볏짚에 살던 곰팡이와 세균이 메주로 옮겨가 자라는 거야. 그렇게 자연 발효가 되는 거지."

메주에는 주로 고초균이 자라는데 메주를 소금물에 담가 숙성시키면 간장과 된장이 만들어지지. 메주 속에 들어 있는 고초균, 효모, 유산균 등이 간장을 숙성시키는 역할을 한단다. 이 균들이 없으면 간장과 된장은 만들어지지 않아.

"볏짚? 저거?"

내가 할머니가 손에 들고 있는 볏짚을 가리키자, 외삼촌이 고개를 끄덕였어.

"응. 저게 바로 메주를 매달았던 볏짚이야. 내가 볏짚까지 함께 보내 달라고 했거든. 알뜰한 할머니는 그걸 유용하게 쓰시는 거지."

할머니는 볏짚을 구겨 메주를 닦았어. 볏짚을 수세미로 사용하는 거야. 메주는 금세 곰팡이 옷을 벗고 깨끗해졌어. 할머니가 활짝 웃으며 말했어.

"내가 맛있게 담가서 간장이랑 된장이랑 선물할 테니까 총각이랑 맛있게 먹어, 꼬마 아가씨."

무슨 이런 일이? 할머니가 선물 안 해도 하루걸러 하루는 된장국에 된장찌개거든요. 정말 지겹거든요. 선물 안 하셔도 되거든요. 그런 내 마음도 모르고 외삼촌은 입맛을 쩝쩝 다시며 다짐을 받았지.

"할머니, 진짜 주셔야 해요. 직접 담근 된장 맛을 본 지가 언젠지 까마득하거든요."

"그려, 그려. 그건 걱정하지 말고, 이 메주나 좀 날라 줘."

외삼촌은 할머니가 깨끗이 씻은 메주를 항아리로 옮겼어. 할머니는 항아리에 물을 붓고 소금을 넣었지.

그 사이, 엄마는 빨래를 다 널었는지 옥상을 내려가고 없었어. 그 순간, 아차, 싶었어. 엄마도 메주를 보았으면 좋았겠다는 생각이 든 거야. 그럼 엄마도 입맛이 뚝 떨어져 간장, 된장, 고추장, 청국장, 할 것 없이 '장' 자 들어간 거라면 입도 대지 않을 거 아니야. 그럼 나도 냄새나는 된장국과 된장찌개 안 먹어도 되니 얼마나 좋아. 아, 왜 이제야 그 생각이 나는 건지.

후회하며 머리를 쥐어박는데, 이번 사건은 여기서 마무리를 지어야겠다는 생각이 들었어. 이제 차츰 옥상은 텃밭 가꾸는 할아버지와 장 담그는 할머니 차지가 될 테니까, 빨리 사건 끝내고 그만 드나들자 했던 거지. 그래서 벼르고 있던 수건 이야기를 꺼냈어.

"할머니, 장 담그는데 수건은 왜 쓰신 거예요?"

할머니는 대답하지 않았어. 간을 보는 건지, 맛을 보는 건지, 소금물을 찍어 입에 넣고 쩝쩝거렸지. 외삼촌이 나섰어.

"오래간만에 좋은 질문이야. 장에 머리카락 들어갈까 봐 그렇지. 머리카락은 발효와 아무런 관계가 없거든. 저 고추와 숯이라면 또 몰라도."

그러고는 할머니가 시키지도 않았는데 수돗가에서 마른 고추와 숯을 가져왔어. 할머니가 고개를 끄덕였지.

"총각은 모르는 게 없어. 참한 색시 있으면 소개해 주고 싶구먼."

외삼촌이 껄껄껄 웃으며 좋아했어. 그렇다고 물러설 수 없지. 수건이 우리 건데 말이지. 나는 다시 물었어.

"그 수건 우리 것 아녜요?"

할머니 눈이 휘둥그레졌어.

"이 수건이?"

그러더니 한참을 그대로 서 있었어. 얼굴이 빨개지지도 않았지. 너무 직접 물어 민망해서 그러나? 그래도 말 나온 김에 모자와 양말 사건을 끝내려고 입을 열었어.

"모자랑 양말도……."

"아, 그려, 그려."

할머니는 내 말이 끝나기도 전에 맞장구를 치더니 드디어 생각이 났다는 듯이 말했어.

"이 수건 예전에 너희 엄마가 줬어. 회사에서 여러 개 나왔다고 하나 쓰라고. 요즘 세상에 인심도 좋지. 우리가 이웃 하나는 잘 뒀어."

그러고는 허리를 펴고 활짝 웃네. 뭐야, 그럼 할머니도 범인이 아니란 말이잖아? 실망이 눈덩이처럼 커지는데 할아버지 목소리가 들렸어.

"허, 이게 어디로 갔지? 분명히 여기 걸어 두었는데……. 하늘로 솟았나, 땅으로 꺼졌나."

할아버지가 모종을 옮겨 심다가 더워서 잠시 '개 조심' 조끼를 벗어 빨랫줄에 걸쳐 두었는데 없어져 버렸다는 거야.

"별일이네. 조끼에 발이 달린 것도 아니고 어디로 갔을까?"

할머니도 고개를 들어 빨랫줄을 봤어. 빨랫줄에는 엄마가 널어 둔 빨래뿐이야. 외삼촌은 빨랫줄을 한 번 휙 살펴보더니 무심한 척 말했어.

"새로 하나 장만하라는 하늘의 뜻이라 여기세요. 그 정도 입었으면 오래 입으셨죠. 많이 닳기도 했던데."

하지만 할아버지는 섭섭한 모양이었어. 눈으로 근처 지붕, 담벼락, 길바닥까지 샅샅이 훑느라 정신이 없었으니까. 정이 많이 들었던 게지.

나는 좀 힘이 빠졌어. 범인은 잡지도 못하고 눈앞에서 도둑을 맞고 말았으니!

맛있는 발효 이야기

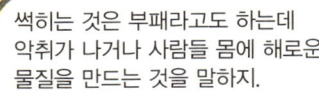

발효 식품 찾기

미생물 탐정의 관찰 노트

영양 만점! 우리의 전통 발효 식품

❶ **된장:** 콩을 원료로 하여 만드는 장류의 하나다. 우리의 전통 음식은 거의 간장, 고추장, 된장 등의 장류로 간을 맞추고 맛을 내므로 장맛은 곧 음식의 맛을 좌우한다. 우리 조상은 끼니마다 발효 음식을 먹으며 균형 잡힌 식사를 하고 건강을 지켰다.

❷ **김치:** 김치는 그 종류도 다양하다. 배추김치, 깍두기, 총각김치, 파김치, 동치미, 보쌈김치……. 이 모든 김치는 익으면서 유산균이 발생하는데, 김치에 들어 있는 유산균은 해로운 균을 죽이고, 장을 깨끗이 청소하며, 음식물의 소화와 흡수를 돕는다.

맛있는 서양의 발효 식품

❶ **요구르트:** 소, 염소, 양 등의 동물 젖을 유산균을 이용하여 발효시킨 것이다. 요구르트에는 유산균이 g당 1억~10억 마리나 함유되어 있다. 요구르트를 먹으면 장 운동이 활발해져서 변비 해결에 도움이 된다.

❷ **치즈:** 소, 염소, 양 등의 동물 젖에 들어 있는 단백질을 응고하여 발효시킨 것이다. 치즈는 지역과 제조 방법에 따라 다양한 모양과 맛을 낸다.

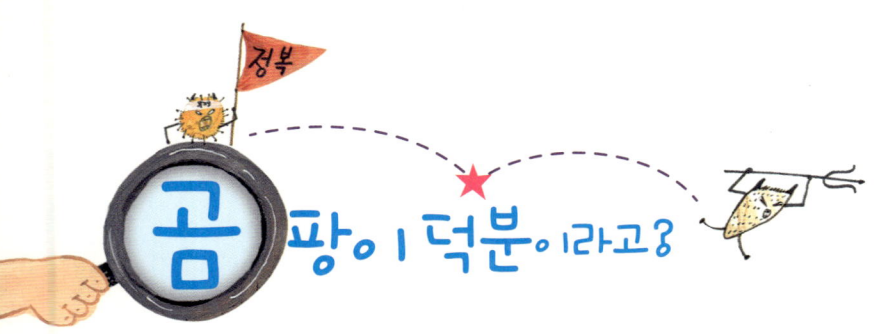

곰팡이 덕분이라고?

　엄마 곁에는 항상 '곰팡이를 한 방에'가 있었어. 화장실에는 욕실용, 부엌에는 주방용, 베란다에는 다목적용. 장소에 따라 각기 다른 색깔의 세제를 놓아두고 조금이라도 곰팡이 낌새가 보이는가 싶으면 즉시 뿌려서 그 싹을 없애 버렸지.

　아, 곰팡이여 안녕! 우리 집에서는 영원히 안녕! 그렇게 곰팡이와 이별을 선언했는데, 며칠 비가 오고 난 후 믿지 못할 일이 일어났어.

　글쎄, 창틀 아래 벽에 얼룩이 생기더니 점점 퍼지는 거야. 나는 그냥 얼룩으로 보기에는 아무래도 미심쩍어 돋보기를

대 봤지. 그랬더니 세상에나, 곰팡이 녀석이 엄마 무서운 줄은 알아서 얼룩으로 위장을 했네. 하지만 귀신은 속여도 내 눈은 못 속이지. 내 눈은 탐정의 눈이라고! 이건 분명히 곰팡이지, 얼룩이 아니야. 나는 엄마를 불러 댔어.

"엄마, 엄마. 여기, 여기, 곰팡이 피었어."

그런데 엄마 반응이 이상해.

"요새 며칠 계속해서 비가 왔잖아. 습기가 많아서 생긴 거니까 엄마도 어쩔 수 없어. 환기 시켰으니까 좀 더 두고 보자."

그러고 보니 창문이 활짝 열렸어. 어, 이게 아닌데. 이럴 때는 '곰팡이를 한 방에'를 팡팡 뿌려야지. 그래야 더 이상 안 퍼지지. 곰팡이가 퍼지는 것은 이제 시간문제라고. 나는 평소 엄마가 하던 말을 생각하며 베란다로 나갔어.

"어, 어디 있지?"

'곰팡이를 한 방에'가 안 보이는 거야. 여기 없으면 화장실에 있겠지. 화장실에 없으면 부엌에 있을 테지. 그러나 아니었어. 아무리 찾아도 없어. '곰팡이를 한 방에'가 집 안 어디서도 안 보이는 거야.

　순간, 느낌이 이상했어. 내 기억을 통틀어 이런 적은 없었거든. 맹세컨대 우리 집에 쌀은 떨어져도 '곰팡이를 한 방에'는 떨어진 적이 없어. 항상 눈에 띄는 곳에 손쉽게 쓸 수 있도록 배치되어 있었지. 그렇다면 이거야말로 사건이지. 모자와 양말과 '개 조심' 조끼를 넘어선 초특급 사건!

　나는 혹시나 하는 마음으로 옥상에 올랐어. 엄마는 가끔 옥상 수돗가에서도 '곰팡이를 한 방에'를 썼거든. 그런데 옥상에도 없어. '곰팡이를 한 방에'도 사라진 거라고.

　그때, 컹컹하는 개 짖는 소리가 들리더니 질질이가 옥상에 올라왔어. 질질이가 퇴원을 한 거야. 나는 질질이 등에 돋보기

를 비춰 봤어. 곪았던 부위는 아직도 빨갰어. 하지만 새 살이 돋고 털이 희끗희끗 올라오는 게 보였지. 나는 질질이 등을 쓰다듬으며 말했어.

"다 나았네. 이제 아프면 안 돼."

할아버지는 질질이를 나한테 맡기고 텃밭에 난 풀을 뽑았어. 외삼촌이 햇빛에 반짝반짝 빛나는 항아리를 찍다 말고 질질이 곁으로 다가왔어.

"질질이 피부병을 낫게 해 준 것도 곰팡이라는 거, 알고 있지?"

나는 생각지도 못한 외삼촌의 말에 깜짝 놀랐어. 그건 아니지. 질질이가 피부병을 앓은 게 곰팡이 때문이지. 외삼촌은 바

로 내 생각을 눈치채고 다시 말했어.

"피부병을 일으킨 것도 곰팡이지만, 낫게 한 것도 곰팡이라는 거야. 다시 말해, 해로운 곰팡이를 죽이는 이로운 곰팡이가 있다는 거지."

외삼촌 눈이 반짝반짝 빛나기 시작했어. 이럴 땐 정신을 바짝 차려야지. 나도 만만치 않다는 걸 보여 줄 필요가 있다고.

"아, 그러니까. 항생제 같은 거? 곰팡이끼리 서로 싸우게 한다는데……, 질질이한테 그런 약을 썼다는 거지?"

외삼촌이 기특하다는 듯 고개를 끄덕였어.

"그렇지, 그럼 플레밍이 만든 페니실린도 알겠네."

그 정도쯤이야. 나는 신이 났지. 플레밍에 대해서는 읽어 본 적이 있거든.

"내가 그 정도도 모를까 봐? 페니실린은 제2차 세계대전에서 엄청난 생명을 살렸잖아. 상처가 세균에 감염되어 썩는 것을 막아 줬지."

"으음……, 보통이 아닌걸."

외삼촌은 일단 칭찬을 한 다음 설명했어.

"그 페니실린 말이야. 푸른곰팡이에서 뽑아낸 거야. 플레밍은 어느 날, 포도상구균 실험 접시에 곰팡이가 핀 것을 보고 깜짝 놀랐어. 푸른곰팡이가 핀 주변에는 포도상구균이 죽어 있었거든."

 "그래, 맞아. 그걸 보고 깨달았잖아. 푸른곰팡이가 포도상구균을 죽일 수도 있다고."

 "그렇지, 그래서 푸른곰팡이에서 포도상구균을 죽이는 물질만 따로 뽑아낼 생각을 한 거야. 그게 바로 '기적의 치료제'라 불리는 페니실린이 된 거지."

 내가 고개를 끄덕이자, 외삼촌이 눈을 가늘게 뜨고 나를 다시 봤어. 이 정도쯤이야 기본이지! 어깨를 쫙 펴는데 외삼촌이 입을 여네.

 "자연아, 네 꿈이 과학자라니까 외삼촌이 특별히 말해 주는 건데, 곰팡이 연구는 어때? 우리 이자연이 제2의 플레밍이 되면 좋잖아. 그때 외삼촌 모른 체하기 없기다."

"그렇게 되기만 하면……, 생각해 볼게."

"어쭈, 꽤 세게 나오는데."

외삼촌은 이것저것 조금 더 이야기했어. 내 실력을 인정하고 나니 조금 더 잘 보여야겠다는 생각이 든 게지. 예를 들면 이런 거였어.

'인류가 세균과의 전쟁에서 이길 수 있을까?'

'인류가 꼭 세균과 전쟁을 해야 할까?'

어려운 문제지. 하지만 내가 누구야,

제2의 플레밍이 될 수도 있는 미래의 과학자잖아? 그래, 끝까지 귀를 기울이고 나름대로 정리를 했지.

외삼촌 말은 간단히 말하면 이런 거였어. 어떤 항생제가 나와도 그 항생제를 이겨내는 '내성'이 있는 세균이 꼭 나온다. 이를테면 세균 중에 '돌연변이'라 할 수 있는데 수천억 마리의 세균 중 한 마리만 살아도 그게 번식을 한다는 거야. 그럼 나머지 세균들이 다 죽어도 아무 소용이 없다는 거지. 그럴 바에야, 차라리 함께 살면서 인류를 해칠 나쁜 세균으로부터 보호하는 게 전쟁을 하는 것보다 더 좋은 방

법일 수 있다는 거지.

으음, 외삼촌 생각도 꽤 좋은 것 같아. 내가 좀 더 깊이 연구를 하다 보면 새로운 의견이 나올지도 모르지만 아직은 그렇지. 그런데 외삼촌이 찬물을 확 끼얹는 거 있지.

"네가 외삼촌의 이 깊은 뜻을 이해하려면 된장부터 좋아해야지."

그러고는 할머니가 장을 담근 항아

리를 찰칵찰칵 찍는 거야.

"이 좋은 된장의 가치도 모르면서 곰팡이 운운해서는 안 된다. 너, 그거 부끄러운 거야."

"외삼촌!"

나는 꽥 소리를 지르고 말았어. 나 참, 여기서 왜 된장이 나오는 건데? 병 주고 약 주는 것도 아니고, 대단하다 칭찬한 지 얼마나 됐다고 부끄럽다 깎아내리고 난리야. 내가 제2의 플레밍이 되는 날 아는 체하나 봐라. 체!

큰소리는 쳤지만, 마음 한편은 찜찜했어. 과연 내가 된장을 좋아할 수 있을까? 사실 된장이 몸에 좋다는 것을 모르는 사람이 어디 있어. 나도 어렸을 때부터 귀가 닳도록 들었는걸. 곰팡이라면 치를 떠는 엄마도 된장 좋다는 건 알고 먹으라고 성화잖아. 게다가 외삼촌은 한술 더 떠서 과학적인 설명을 보태고 있잖아. 아무리 그래도 입맛이라는 게 하루아침에 변하나 뭐. 나도 그럴 수만 있다면 그러고 싶지!

아무튼 할머니가 된장을 선물해 주면 한번 먹어 보지 뭐. 우리 집 옥상에서 발효된 된장이니까, 속는 셈 치고 먹어 주는 거야.

아, 범인은 어떡하나? 탐정은 포기하고 곰팡이 과학자로 나서야 하나? '곰팡이를 한 방에'는 어디로 갔을까? 내가 이런 심각한 고민에 빠진 줄도 모르고 외삼촌은 헤헤거리며 항아리를 찍었어. 된장 익어 가는 냄새가 솔솔 풍긴다나 어쩐다나 하면서 말이야.

항아리가 다 같은 항아리지. 뭐, 옥상에 있다고 특별해지나? 항아리에 된장이 있는지, 소금이 있는지, 남들이 알게 뭐야. 그러고 보니 혹시……, 내가 모르는 꿍꿍이라도 있나?

나는 질질이 등을 쓰다듬으며 외삼촌을 살피기 시작했어. 잠시나마 탐정 일을 접으려고 했던 거 취소야. 나의 이 뛰어난 감각을 어떻게 썩혀. 그럼 국가적으로도 손해지. 기다려, 범인은 반드시 내 손으로 잡고 말 테니까.

파스퇴르와 메치니코프를 인터뷰하다!

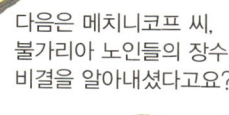    

발효와 부패는 어떻게 다를까?

그런데, 외삼촌! 발효와 부패가 다른 건 알겠는데, 도대체 어떻게 다른 거야? 다 같은 곰팡이 아냐?

발효는 미생물이 각종 효소들을 이용해서 우리 몸에 유익한 물질들을 만드는 작용이야. 발효 음식은 건강에도 좋고 맛도 좋지. 그러니 적극적으로 활용하고 개발해야 해.
그러나 부패는 발효와 비슷한 과정에 의해 진행되지만, 악취가 나거나 우리 몸에 해로운 물질이 만들어지는 것을 말해. 부패된 음식은 절대로 먹으면 안 되고 부패되는 것 또한 막아야 해.

찾았다 곰팡이 도둑

외삼촌은 며칠 동안 꼼짝 않고 방에 틀어박혔어. 내가 학교에 가 있는 동안 나갔다 왔는지는 몰라도 방을 나서는 일이라곤 옥상에 올라가는 것밖에 없었어. 뭘 그리 찍어 대는지, 옥상에 올라갈 때는 항상 카메라를 가지고 갔지.

그러던 어느 날이야. 학교에서 돌아오니 식탁에 상추와 된장이 놓여 있네. 2층 할아버지와 할머니가 선물해 준 거겠지. 오늘 저녁은 또 된장찌개겠군! 일단 먹어 보기로 마음은 굳혔지만 그리 좋은 기분은 아니었어.

우당탕퉁탕! 외삼촌이 옥상에서 내려오나 봐. 엄마가 싫은

소리를 했지.

"어휴, 너희 외삼촌은 왜 저런다니?"

목소리가 곱지 않았어. 엄마는 외삼촌이 하는 일마다 못마땅한 거야. 외삼촌이 엄마 말이라고는 도통 들으려고 하지 않으니 엄마 탓만도 아니지. 외삼촌은 그런 줄도 모르고 현관문을 활짝 열어젖혔어.

"자연아, 자연아, '개 조심' 조끼가 돌아왔어. 돌아왔다고!"

"뭐? '개 조심' 조끼?"

나는 자리를 박차고 일어나 옥상으로 내달았지. 옥상에는 할아버지가 '개 조심' 조끼를 입고 싱글벙글 웃고 있었어. 고개를 오른쪽으로 돌렸다가 왼쪽으로 돌렸다가 하면서, 할아버지는 '허허, 세상 참!'이라고 말했지.

"할아버지, 그 조끼……."

내가 말을 마치기도 전에 할아버지가 말했어.

"응, 여기 빨랫줄에……. 새 거여. 양심은 있었는지……, 그것참."

나는 할아버지한테 냅다 달려들어 조끼에 돋보기를 들이댔지. 할아버지 말은 사실이었어. 조끼는 천도 빳빳하고 글자를 새기는 방법도 달랐어. 지난번 글자는 인쇄한 거였는데 이번 글자는 수를 놓은 거야. 똑같은 노란색이었지만 느낌이 달라. 이게 더 고급스러워.

오오, 세상에! 내가 혼란에 빠져 허우적대는 사이, 할아버지는 옥상에서 내려갔어. 할머니한테 자랑해야겠다면서.

나는 지푸라기라도 잡는 심정으로 가장 최근에 사라진 '곰팡이를 한 방에'를 찾아 헤맸어. 조끼가 돌아오듯이 '곰팡이를 한 방에'도 돌아오기를 바라면서. 그 속에 단서가 있지 않을까 생각한 거야. 하지만 '곰팡이를 한 방에'는 어디에도 없었어.

"엄마, '곰팡이를 한 방에'는 어디 있어?"

"몰라. 쓸데없는 짓 그만 하고 그럴 시간 있으면 책이나 좀 읽어라."

엄마 목소리가 퉁명스러웠어. 왜 그러지? 외삼촌 일 말고 또 속상한 일이 있나? 그렇다고 물러서면 탐정이 아니지.

"엄마, 왜 그래? '곰팡이를 한 방에'가 사라지고 없다니까."

"그게 뭐? 뭐가 이상한데?"

"왜 안 이상해. 엄마가 날마다 쓰는 건데 갑자기 사라지고 없으니까 이상하지. 엄마는 안 이상해?"

엄마는 대답 대신 한숨을 푹 쉬었어.

"어휴, 나도 모르겠다. 뭐가 뭔지……."

그러고는 고개를 푹 숙이는 거야. 나는 이마에 손을 짚고 생각에 잠겼지. '개 조심' 조끼가 돌아왔다, 돌아왔다. 엄마는 대답을 피한다, 피한다. 상추와 된장이 선물로 왔다, 왔다. 내가 생각을 정리하기도 전에 또다시 우당탕퉁탕 큰 소리가 났어.

"누나, 됐어. 됐다고!"

외삼촌은 다짜고짜 엄마를 껴안고 팔짝팔짝 뛰었어. 엄마는 얼떨떨한 표정으로 외삼촌을 밀어냈어.

"얘가, 얘가, 지금……."

외삼촌은 들떠서 말이 안 나왔어. 엄마가 눈을 흘겼지.

드디어 외삼촌이 입을 열었어. 조금 전에 전화를 받았대. 당선됐다고!

○○생활협동조합에서 진행하는 '생활 속 작은 아이디어 공모전'에 작품을 냈는데 당선이 됐다는 거야. 외삼촌은 머지않아 ○○생활협동조합 연구실에 인턴사원으로 들어갈 것 같다고 했어. ○○생활협동조합이라면……, 항아리와 메주를 산 곳인데! 어쨌든 대박이 터진 거지. 앗싸! 외삼촌은 그동안 우리 집에 살면서 '옥상 텃밭과 장독대'라는 주제로 작품을

준비했다는 거야. 처음부터 작정하고 우리 집에 들어온 건 아니고, 들어와서 보니 옥상이 있었고, 그 옥상이 아이디어를 줬대. 질질이, 할아버지, 할머니는 물론이고 돋보기를 들고 다니며 탐정 흉내를 내는 나도 한몫했다며 고맙다고 했어.

탐정 흉내? 겨우 흉내나 낸다고? 그렇게 표현하면 섭섭하지. 내가 침을 꿀꺽 삼키는데 외삼촌이 눈을 반짝반짝 빛내며 엄마한테 물었어.

"그런데 누나, 누가 가장 큰 공헌을 한 줄 알아?"

엄마는 입이 귀에 걸린 채, "몰라, 누구?" 하고 물었어.

"뭘 몰라. 누나지. 누나가 곰팡이 싫어하는 거 세상이 다 아는데. 그게 결정적인 역할을 했다니까. 누나 생각을 싹 바꿔

주겠다는 내 결심, 그게 없었으면 어림도 없지."

엄마는 얼굴이 빨개졌어.

"너는, 말을 해도! 그리고 공헌이라는 말은 좋은 데 쓰는 말 아냐?"

외삼촌은 하하하 웃으며, "그런가?" 했지. 나는 그 틈을 놓치지 않고 외삼촌한테 물었어.

"외삼촌, 엄마가 쓰는 '곰팡이를 한 방에' 말이야, 그게 없어졌어! 외삼촌, 그거 알아?"

외삼촌은 고개를 흔들었어. 엄마는 또 한숨을 쉬었어. 나는 외삼촌을 몰아붙였지.

"그거 외삼촌이 없앤 거 아니야? 외삼촌은 곰팡이 좋아하잖아. 그런데 엄마가 곰팡이를 없애니까 싫었던 거지."

외삼촌 얼굴에 실망이 스쳐 지나갔어. 그러면 그렇지. 내 추리는 못 당한다니까.

"자연아, 넌 외삼촌이 그 정도로밖에 안 보이니?"

무슨 소리지? 나는 입을 꾹 다물고 외삼촌의 다음 말을 기다렸어.

"물론 '곰팡이를 한 방에'를 없앨 수도 있지. 하지만 그건 좋은 방법이 아니야. 내가 아무리 없애도 '곰팡이를 한 방에'는 끊임없이 생산될 테니까, 언제든 슈퍼에 가면 살 수 있어. 그보다는……."

외삼촌은 말을 끊고 나 한 번, 엄마 한 번 보고 나서 천천히 말했어.

"스스로 없애게 해야지. 내가 없애지 않아도 스스로 알아서 없애게……."

스스로 알아서? 외삼촌 말을 다시 생각해 보는데, 엄마가 쑥스러운 표정으로 외삼촌 어깨를 툭 쳤어.

"그래, 내가 너한테 졌다, 졌어."

그러고는 그동안 사라진 물건들을 엄마가 없앴다고 털어놓는 거야. 모자도, 양말도, '개 조심' 조끼도, 그리고 '곰팡이를 한 방에'도.

"왜?"

"모자는 문지르다 보니 차양이 너덜너덜해져서 못 쓰게 돼 버렸어. 미안해. 앞으로는 그런 일 없도록 할게. 아빠한테 똑같은 걸로 사 달라고 부탁해 뒀으니까 곧 올 거야."

외삼촌이 얼굴을 찌푸리며 물었어.

"그럼 내 양말은?"

"고린내가 안 빠져서……. 빨아도, 빨아도 안 빠졌어. 그런 일은 처음이야. 대신 새 양말 사다 넣어 놨으니까 신어. 그리고 '개 조심' 조끼는 비밀이다. 쉿."

외삼촌이 엄마를 따라 쉿, 하자 엄마가 말을 이었어.

"나도 그렇게까지는 하고 싶지 않았는데 방법은 그거밖에 없었어. 할머니가 그러는데 할아버지는 주무시면서도 그 조끼를 입고 주무신대. 그러니 빨 수도 없잖아. 그날 조끼를 벗어 놓은 것은 기적이나 마찬가지였어. 나도 그거 쉬운 결정 아니었다. 그거는 알아줘야 해."

"그럼 '곰팡이를 한 방에'는?"

엄마는 부끄러운 듯 머리를 긁적이며 말했어.

"눈에 보이면 또 쓸 것 같아서……. 우리 자연이를 생각해서라도 세제 덜 쓰고 환경을 생각해야지. 환기하고 빛에 말리면 자연스럽게 해결되는 것도 많은데 내가 너무 약과 세제에만 의존하는 것 같아서……. 당분간 안 써보려고 안 보이는 곳으로 치웠어."

엄마는 얼굴이 빨개져서 부엌으로 갔지. 외삼촌은 엄지를 치켜세웠고.

저녁에는 할아버지와 할머니를 초대했어. 상추와 고기, 그리고 된장찌개, 식탁은 풍성했어.

"잘 먹겠습니다."

나는 외삼촌 눈치를 살피며 된장찌개를 떴어. 제2의 플레밍을 떠올리며. 어, 생각보다 괜찮네. 코끝을 스치는 향이 약간 고리타분할 뿐 고소한 맛이 났지. 외삼촌이 너스레를 떨었어.

"이야, 우리 자연이가 된장찌개를 아주 잘 먹는구나."

할아버지와 할머니가 기특한 듯 나를 봤어.

"착하기도 하지."

나는 다시 된장찌개를 뜨며 생각했어. 그럼 이번 사건은 누가 해결한 거지? 나야, 외삼촌이야? 아니, 아니지. 나 아니었으면 엄마가 털어놓을 리 없지. 영원히 미궁에 빠질 사건을 내가 해결한 거지. 그 공을 인정해야 한다고. 암, 그렇고말고.

앗, 그런데 이건 또 뭐지? 콩이야, 버섯이야? 나는 밥을 먹다 말고 얼른 돋보기를 들었어. 새로운 사건이 또 시작되었군.

사람에게 해로운 곰팡이와 이로운 곰팡이

미생물 탐정의 관찰 노트

해로운 곰팡이

검은곰팡이: 습기가 많고 구석진 곳에서 잘 자란다. 검은곰팡이가 핀 떡이나 빵을 먹으면 식중독에 걸린다.

녹병균: 채소나 곡식에 기생한다. 채소나 곡식이 녹슨 것처럼 변하며 열매를 맺지 못하고 말라 죽는다.

무좀균: 무좀을 일으킨다. 발가락 사이가 갈라지고 벗겨져 피가 나거나 참을 수 없을 정도로 가렵다.

이로운 곰팡이

푸른곰팡이: 상처가 곪거나 덧나지 않게 한다. 페니실린이라는 약을 만드는 데 사용한다.

효모균: 발효를 통해 알코올과 이산화탄소를 만들어 낸다. 빵, 맥주, 포도주 등을 만드는 데 사용한다.

누룩곰팡이: 주로 쌀누룩이나 보리누룩을 만드는 데 쓰인다. 술, 간장, 된장 등의 발효에 쓰인다.

고초균: 볏짚에 산다. 장내 부패균의 활동을 막아 주고 나쁜 병원균에 대해 항균 작용을 한다.

유산균: 젖산균이라고도 하는데 당류를 발효한다. 요구르트, 치즈, 버터 등에 이용된다.

해로운 곰팡이 대처법

곰팡이는 먹을 것이 없고 물이 없으면 살 수 없다. 그러니 집에서는 자주 창문을 열어 환기를 시키고, 도마, 행주, 이불, 걸레 등은 깨끗이 씻거나 빨아서 햇빛에 말린다.

화장실은 습기가 많으므로 자주 환기를 시키자. 깨끗이 청소를 한 다음에는 반드시 문을 열어 바닥까지 뽀송뽀송하게 말리면 더욱 좋다.

음식물은 시원한 곳에 보관하고 먹을 만큼만 그때그때 만들어 먹는 게 좋다.

여름철 에어컨에도 곰팡이가 생기기 쉽다. 곰팡이 핀 에어컨 바람을 쐬면 호흡기 질환에 걸릴 수 있다. 그러니 자주 에어컨 필터를 청소해 주면 곰팡이가 생기는 것을 예방할 수 있다.

비호감이 호감 되는 생활과학 02
미생물 탐정과 곰팡이 도난 사건

초판 1쇄 발행 2013년 1월 10일 **초판 10쇄 발행** 2021년 9월 15일

글 김은의
그림 배종숙
펴낸이 이승현

편집3 본부장 최순영
교양 학습 팀장 김문주 편집 김숙영
키즈 디자인 팀장 이수현 디자인 오세라

펴낸곳 ㈜위즈덤하우스 출판등록 2000년 5월 23일 제13-1071호
제조국 대한민국 주소 서울특별시 마포구 양화로 19 (합정동, 합정오피스빌딩) 17층
전화 02) 2179-5600 내용문의 02)2179-5727
홈페이지 www.wisdomhouse.co.kr 전자우편 kids@wisdomhouse.co.kr

ⓒ 김은의, 2013

ISBN 978-89-6247-353-7 74400
ISBN 978-89-6247-344-5 (세트)

* 이 책의 전부 또는 일부 내용을 재사용하려면 반드시 사전에 저작권자와
  ㈜위즈덤하우스의 동의를 받아야 합니다.
* 인쇄·제작 및 유통상의 파본 도서는 구입하신 서점에서 바꿔드립니다.
* 스콜라는 ㈜위즈덤하우스의 아동·청소년 브랜드입니다.
* 이 책의 사용 연령은 8~13세입니다.
* 책값은 뒤표지에 있습니다.